マクベス、あなたの魂は
野心に燃え・・・高位を熱望している、
でも、あなたには腹黒さがありましょうか？
権力への道は、罪に充ち満ちているのです・・・

マクベス夫人（第一幕：第五景）

DESIGN BY ★C3md.,Inc
http://www.c3md.ne.jp/

マクベス
（四幕）

台　　本 ……………… フランチェスコ・マリア・ピアーヴェ

原　　作 ……………… シェイクスピアの戯曲「マクベス」

作　　曲 ……………… ジュセッペ・ヴェルディ

初　　演 （改訂版）…… 1865年4月21日
リリック劇場（パリ）

時　　所 ……………… 国王ダンカンが暗殺された1040年から
マクベスの死の1057年の間。
スコットランドのマクベスの居城。
但し、一部スコットランドと
イングランドの国境地帯。

日本語訳 ……………… とよしま　洋

アウラ・マーニャ／イタリアオペラ出版

登 場 人 物

Duncano, Re di Scozia	—
ダンカン，スコットランド王	黙役
Macbeth, Generale dell'Esercito del Re Duncano	Baritono
マクベス、ダンカン王軍の将軍	バリトン
Banco, Generale dell'Esercito del Re Duncano	Basso
バンクォー、ダンカン王軍の将軍	バス
Lady Macbeth, moglie di Macbeth	Soprano
マクベス夫人、マクベスの妻	ソプラノ
Dama di Lady Macbeth	Mezzosoprano
マクベス夫人の侍女	メゾソプラノ
Macduff, nobile scozzese, Signore di Fiff	Tenore
マクダフ、スコットランドの貴族、ファイフの領主	テノール
Malcolm, figlio di Duncano	Tenore
マルコム、ダンカンの息子	テノール
Fleanzio, figlio di Banco	—
フリーアンス、バンクォーの息子	黙役
Medico	Basso
医者	バス
Domestico di Macbeth	Basso
マクベスの従者	バス
Sicario	Basso
刺客	バス
Araldo	Basso
伝令	バス
Ecate, Dea della notte	Ballerina
ヘカテ、夜の女神	バレリーナ

Streghe, Massaggeri del Re, Nobile e Profughi scozzesi,
魔女達、王の使者達、スコットランドの貴族達と亡命者達、

Sicari, Soldati inglesi, Bardi, Spiriti aerei, Apparizioni,ecc.
刺客達、イングランドの兵士達、吟唱詩人達、妖精、幻影等。

＊日本語の〔　〕は独白を、（　）はト書きを表す。

ATTO PRIMO

[Preludio]

Scena prima
Bosco.
Tre crocchi di Streghe appariscono l'un dopo l'altro fra lampi e tuoni.

[Coro d'Introduzione]
Streghe
★ I. Che faceste? dite su!
II. Ho sgozzato un verro.

I. E tu?
III. M'è frullata nel pensier
    La mogliera d'un nocchier,
    Al dimòn la mi cacciò...
    Ma lo sposo che salpò
    Col suo legno affogherò.
I. Un rovaio ti darò...
II. I marosi io leverò...
III. Per le secche lo trarrò.
(Odesi un tamburo.)

Tutte
Un tamburo! Che sarà?
Vien Macbetto. Eccolo qua!
(Si confondono insieme e intrecciano una ridda.)
Le sorelle vagabonde
Van per l'aria, van sull'onde,
Sanno un circolo intrecciar
Che comprende e terra e mar.

Scena seconda
Macbeth e Banco. Le precedenti.

[Scena e Duetto]
Macbeth
Giorno non vidi mai sì fiero e bello!

Banco
Né tanto glorioso!

Macbeth *(S'avvede delle Streghe.)*
Oh, chi saranno
Costor?

Banco
Chi siete voi? Di questo mondo,
O d'altra regione?
Dirvi donne vorrei, ma lo mi vieta
Quella sordida barba.

第一幕

[プレリュード]

第一景
森の中。
稲妻と雷鳴の中を三組の魔女達が次々に現れる。

[導入の合唱]
魔女達
★I 何をやったんだい？　さあ、言ってみなよ！
II ＊雄豚の喉をかき切ってやったのさ。

　　　＊食用の豚は通常去勢され、繁殖用の雄豚はそれとは別に
　　　　大切にされていたため被害は大きかった。

I で、あんたは？
III 船頭の女房のことを
　　ふと思いだしたのさ。
　　あたしに「悪魔のもとへ行っちまえ…」だとさ、
　　そこで海に出たそいつの旦那を
　　船もろとも沈めてやるのさ。
I 凍てつく北風をあんたのために送ってやろう…
II あたしは荒波を起こしてやろう…
III 船を暗礁に乗り上げさせてやろう…
(太鼓の音が聞こえる。)

魔女達一同
太鼓だ！　何事だろう？
マクベスが来る。ほらここへ！
(皆入り乱れ、手を取りあって輪舞を踊る。)

さすらいのあたしらは
大気の中、そして波の上を行き交い
大地と海をあやつる
輪を作るのさ。

第二景
マクベスとバンクォー。前景の魔女達。

[シェーナと二重唱]
マクベス
これほど厳しく、しかもこんなに良い日は初めてだ！

バンクォー
これほど栄光の日も！

マクベス （魔女達に気づく）
おお、こいつらは一体
何者達だ？

バンクォー
お前達は一体何者だ？　この世のものか
あるいは、あの世のものか？
お前達を女と呼びたいが、その不細工なヒゲで
そうは言いかねる。

2

Macbeth
Or via, parlate!

Streghe (*in tono profetico*)
Ⅰ. Salve, o Macbetto, di Glamis sire!
Ⅱ. Salve, o Macbetto, di Caudor sire!
Ⅲ. Salve, o Macbetto, di Scozia re!
(*Macbeth trema.*)

Banco (*a Macbeth, sottovoce*)
Tremar vi fanno così lieti auguri?
(*alle Streghe*)
Favellate a me pur, se non v'è scuro,
Creature fantastiche, il futuro.

Streghe
Ⅰ. Salve!
Ⅱ. Salve!
Ⅲ. Salve!
Ⅰ. Men sarai di Macbetto e pur maggiore!
Ⅱ. Non quanto lui, ma più di lui felice!
Ⅲ. Non re, ma di monarchi genitore!

Tutte
Macbetto e Banco vivano!
Banco e Macbetto vivano!
(*Spariscono.*)

Macbeth
Vanîr!...
(*pensieroso*)
Saranno i figli tuoi sovrani.

Banco
E tu re pria di loro.

Banco e Macbeth
Accenti arcani!

Scena terza
Messaggeri del Re. I precedenti.

Messaggeri
Pro Macbetto! Il tuo signore
Sir t'elesse di Caudore.

Macbeth
Ma quel sire ancor vi regge!

Messaggeri
No! percosso dalla legge
Sotto il ceppo egli spirò.

Banco (*da sé, con raccapriccio*)
(Ah, l'inferno il ver parlò!)

マクベス
さあ、何とか言え！

魔女達 （霊感のこもった調子で）
Ⅰ　ご無事で、マクベス殿、グラミスの領主様！
Ⅱ　ご無事で、マクベス殿、コーダの領主様！
Ⅲ　ご無事で、マクベス殿、スコットランドの王！
（マクベスは震える。）

バンクォー （マクベスに小声で）
こんなに喜ばしい予言があなたを震わせるのか？
（魔女達に）
俺にも話してくれ、もしお前達が見抜けるなら
不可思議な者達よ、俺の未来を。

魔女達
Ⅰ　ご無事で！
Ⅱ　ご無事で！
Ⅲ　ご無事で！
Ⅰ　マクベス殿には劣るが、しかし偉大な方！
Ⅱ　彼ほどの運はないが、ずっと幸運な方！
Ⅲ　王にはならぬが、王の父親となる！

魔女達一同
マクベス殿とバンクォー殿、万歳！
バンクォー殿とマクベス殿、万歳！
（魔女達は消える。）

マクベス
消えた！…
（考え込んで）
あなたのご子息達が王となる。

バンクォー
その前にあなたご自身が国王に。

バンクォーとマクベス
謎めいた予言だ！

第三景
国王の使者達。前景の人々。

使者達
勇者マクベス殿！　貴殿のご主人は
貴殿をコーダの領主にお選びになりました。

マクベス
だがあの領主殿は、今も治めておられるはず！

使者達
いいえ！　法のもとで
断頭台に消え果てました。

バンクォー （ぞっとする思いで独白）
〔ああ、地獄が真実を語った！〕

Macbeth *(fra sé, sottovoce, quasi con ispavento)*
★   Due vaticini compiuti or sono...
Mi si promette dal terzo un trono...
Ma perché sento rizzarsi il crine?
Pensier di sangue, d'onde sei nato?...
Alla corona che m'offre il fato
La man rapace non alzerò.

マクベス　（ほとんど恐怖に満ちて小声で独白）
★　すでに二つの予言があたった…
三番目の予言は俺に王位を約束した…
だが、なぜ髪の毛が逆立つのを感じるのだ？
血生臭い思いよ、お前はどこから生まれたのだ？
運命が俺に与えてくれると言う王冠のために
自ら手を下すこともあるまい。

　　　　※二つの予言：一番目の予言は、父のサイネルが死にマク
　　　　　　　　　　　　ベスがグラミスの領主になった事。
　　　　　　　　　　　二番目の予言は、国王ダンカンがコーダの
　　　　　　　　　　　　領主が斬首された後、その位をマクベスに
　　　　　　　　　　　　与え、マクベスがコーダの領主となった事。

Banco *(fra sé)*
Oh, come s'empie costui d'orgoglio,
Nella speranza d'un regio soglio!
Ma spesso l'empio Spirto d'averno
Parla, e c'inganna, veraci detti,
E ne abbandona poi maledetti
Su quell'abisso che ci scavò.

バンクォー　（独白）
〔おお、玉座につけるという希望で
こいつは何と思い上がっていることだろう！
しかし、地獄の邪悪な精霊は、しばしば
真実の言葉を語り、我々を惑わせ
やがて呪いをあびせ、我々のために掘った
奈落の底に捨て去るのだ。〕

Messaggeri
(Perché sì freddo n'udì Macbetto?
Perché l'aspetto - non serenò?)
(Tutti partono.)

使者達
〔なぜ、マクベス殿はこれほど冷静に聞き
なぜ表情を明るくはなさらないのか？〕
（一同退場。）

Scena quarta
Le Streghe ritornano.

第四景
魔女達が戻ってくる。

[Coro di Streghe - Stretta dell'Introduzione]
Streghe
★   S'allontanarono! - N'accozzeremo
Quando di fulmini - lo scroscio udremo.
S'allontanarono, - fuggiam! ... s'attenda
Le sorti a compiere - nella tregenda.
Macbetto riedere - vedrem colà,
E il nostro oracolo - gli parlerà.
Fuggiam, fuggiam!
(Partono.)

[魔女達の合唱、導入部のストレッタ]
魔女達
★　みんな行ってしまったぞ！
あたしらは雷の轟を合図に集まろう。
みんな行ってしまった、あたしらも行こうよ！…
魔女の宴の席で運命が成就するのを待とう。
そこでマクベスが戻ってくるのを見て
そしてあたしらが彼にお告げを伝えてやろう。
行こう、行こう！
（魔女達退場。）

Scena quinta
Atrio nel Castello di Macbeth.
Lady Macbeth leggendo una lettera.

第五景
マクベスの城の柱廊玄関。
マクベス夫人が一通の手紙を読んでいる。

[Scena e Cavatina]
★   <Nel dì della vittoria io le incontrai...
<Stupito io n'era per le udite cose;
<Quando i nunzi del Re mi salutaro
<Sir di Caudore, vaticinio uscito
<Dalle veggenti stesse
<Che predissero un serto al capo mio.
<Racchiudi in cor questo segreto. Addio.

[シェーナとカヴァティーナ]
★　「その女達に出会ったのは凱旋当日のこと…
話を聞き私は驚愕した。
折から国王の使者達が、私に
コーダの領主として祝意を表したのだ。
それを予言したのは、私が王冠を戴くと
予言したのと同じ女達であった。
この秘密は胸におさめておくように。では。」

★   Ambizîoso spirto
Tu sei, Macbetto... Alla grandezza aneli,
Ma sarai tu malvagio?

★　マクベス、あなたの魂は
野心を抱き…　高位を熱望している、
でもあなたには腹黒さがありましょうか？

Pien di misfatti è il calle
Della potenza, e mal per lui che il piede
Dubitoso vi pone, e retrocede.

Vieni! t'affretta! accendere
Ti vo' quel freddo core!
L'audace impresa a compiere
Io ti darò valore;
Di Scozia a te promettono
Le profetesse il trono...
Che tardi? accetta il dono,
Ascendivi a regnar.

Scena sesta
Un Servo e la precedente.

Servo
Al cader della sera il Re qui giunge.

Lady
Che di'? Macbetto è seco?

Servo
Ei l'accompagna.
La nuova, o donna, è certa.

Lady
Trovi accoglienza quale un re si merta.
(Il Servo parte.)

Scena settima
Lady Macveth sola.

Lady
★ Duncano sarà qui?... qui? qui la notte?...
Or tutti sorgete - ministri infernali,
Che al sangue incorate - spingete i mortali!
Tu, notte, ne avvolgi - di tenebra immota;
Qual petto percota - non vegga il pugnal.

Scena ottava
Macbeth e la precedente.

[Scena e Marcia]
Macbeth
Oh donna mia!

Lady
Caudore!

Macbeth
Fra poco il re vedrai.

Lady
E partirà?

Macbeth
Domani.

権力の道は罪に充ち満ちているのです。
迷った足をそこに踏み入れておきながら
後跳去りしてしまうのが彼の弱さ。

さあ、早く急いで戻っていらっしゃい！
あなたの冷めた心に火を燃やしたい！
大胆な計画を成就するための
勇気をあなたに差し上げましょう。
その女預言者達はスコットランドの玉座を
あなたに約束したのです。
何を躊躇うことがあるのです？　その贈物を
受け取り、玉座に登るのです。

第六景
一人の従者とマクベス夫人。

従者
夕暮れに国王陛下がここへお着きになります。

マクベス夫人
何と言いました？　マクベス殿はご一緒ですか？

従者
殿が国王陛下をお供しておられます。
奥方様、確かな知らせです。

マクベス夫人
国王陛下にふさわしいお迎えの用意をなさい。
（従者退場。）

第七景
マクベス夫人独り。

マクベス夫人
★　ダンカン王がここへ？…ここに？今夜ここに？…
さあ地獄をつかさどる者達よ、皆立ち上がるがいい、
そして死すべき者達を血生臭い死へと追いやるのだ！
夜よ、お前は暗黒の闇でこの世を包み
剣がどの胸を突刺すのか見えぬようにしておくれ。

第八景
マクベスとマクベス夫人。

[シェーナとマーチ]
マクベス
おお妻よ！

マクベス夫人
コーダの殿！

マクベス
すぐにも国王がここにお見えだ。

マクベス夫人
で、いつご出発？

マクベス
明日だ。

Lady
Mai non ci rechi il sole un tal domani.

Macbeth
Che parli?

Lady
E non intendi?

Macbeth
Intendo, intendo!

Lady
Or bene?

Macbeth
E se fallisse il colpo?

Lady
Non fallirà... se tu non tremi.
(Odonsi lieti suoni che a poco a poco si accostano.)
Il Re!
Lieto or lo vieni ad incontrar con me.
(Partono.)

Scena nona
Musica villereccia, la quale avanzandosi a poco a poco annuncia l'arrivo del Re. Egli trapassa accompagnato da Banco, Macduff, Malcolm, Macbeth, Lady Macbeth e seguito.

Scena decima
Macbeth ed un Servo.

[Gran Scena e Duetto]
Macbeth
Sappia la sposa mia che, pronta appena
La mia tazza notturna,
Vo' che un tocco di squilla a me lo avvisi.
(Il Servo parte.)

Scena undicesima
Macbeth solo.

Macbeth
★ Mi si affaccia un pugnal?! L'elsa a me volta?
Se larva non sei tu, ch'io ti brandisca...
Mi sfuggi... eppur ti veggo! A me precorri
Sul confuso cammin che nella mente
Di seguir disegnava!... Orrenda imago!
Solco sanguigno la tua lama irriga!...
Ma nulla esiste ancor. Il sol cruento
Mio pensier le dà forma, e come vera
Mi presenta allo sguardo una chimera.
Sulla metà del mondo
Or morta è la natura; or l'assassino
Come fantasma per l'ombre si striscia,

マクベス夫人
その明日は決して日の目をみることはないのです。

マクベス
どういうことだ？

マクベス夫人
お解りになりませんの？

マクベス
読めた、解った！

マクベス夫人
よろしいでしょうね？

マクベス
だが、万が一しくじれば？

マクベス夫人
しくじるものですか…もしあなたがたじろがぬなら。
（にぎやかな音楽が次第に近づいてくるのが
聞こえる。）
国王です！
私と一緒に晴れやかにお迎えしましょう。
（二人共退場。）

第九景
国王の到着を告げる和やかな音楽が、次第に
近づいてくる。
国王はバンクォー、マクダフ、マルコム、マクベス、
マクベス夫人、および従者に案内され舞台を横切る。

第十景
マクベスと一人の従者。

[大シェーナと二重唱]
マクベス
妻に伝えておくれ。
わしの寝酒の用意が出来たら、
直ちに鐘を鳴らし知らせるようにと。
（従者退場。）

第十一景
マクベス独り。

マクベス
★ 剣が目の前に？！ 柄がわしの方を向いている？
お前が幻でないのなら掴んでやろう…
わしから逃げるのか… だが見えるぞ！ これから踏
み切ろうと考えていたが、なお躊躇っている歩みへと
わしを先導するのか！… 恐るべき幻影よ！
お前の刃が一条の血を滴らせている！…
だがまだ何も起こってはいないのだ。ただわしの
血生臭い考えが何かを形作り、あたかも真実のごとく
この目に幻覚として現れるだけなのだ。
世の半分では
万物が死んだように眠り、人殺しは
亡霊のように闇の中を忍び寄り

Or consuman le streghe i lor misteri.
Immobil terra! a' passi miei sta muta...
(Odesi un tocco di campana.)
È deciso... quel bronzo, ecco, m'invita!
Non udirlo, Duncano! È squillo eterno
Che nel cielo ti chiama o nell'inferno.
(Entra nelle stanze del Re.)

魔女達はその秘義を成就させている。
不動の大地よ！　わしの歩みに黙していろ…
（鐘の音が聞こえる。）
決まった…あの鐘の音が、さあ、わしを呼んでいる！
ダンカンよあの鐘を聞くではないぞ！　あれは貴様を
迎える永遠の響き、天国へか、それとも地獄へか。
（国王のいる部屋へ入ってゆく。）

Scena dodicesima
Lady Macbeth.

第十二景
マクベス夫人。

Lady
Regna il sonno su tutti... Oh, qual lamento!
Risponde il gufo al suo lugubre addio!

マクベス夫人
眠りが万物を支配している…　ああ何という呻き声！
フクロウがあの陰惨な死に応えただけ！

Macbeth *(di dentro)*
Chi v'ha?

マクベス （舞台裏で）
誰だ？

Lady
Ch'ei fosse di letargo uscito
Pria del colpo mortal?

マクベス夫人
死の一撃を与える前に
王が深い眠りから覚めたのかしら？

Scena tredicesima
*La precedente, Macbeth stravolto con un pugnale
in mano.*

第十三景
マクベス夫人と、手に剣を握り動転したマクベス。

Macbeth
Tutto è finito!
(Si avvicina a Lady e le dice sottovoce:)
★　Fatal mia donna! un murmure,
Com'io, non intendesti?

マクベス
すべて終った！
（マクベス夫人に近づき小声で伝える。）
★　運命の妻よ！　お前にも
つぶやく声が聞こえなかったか？

Lady
Del gufo udii lo stridere...
Testé che mai dicesti?

マクベス夫人
フクロウの陰気な声は聞こえました…
あなたが何かおっしゃったのでは？

Macbeth
Io?

マクベス
わしが？

Lady
Dianzi udirti parvemi.

マクベス夫人
何かおっしゃったように思えましたが。

Macbeth
Mentre io scendea?

マクベス
降りてきた時にか？

Lady
Sì! sì!

マクベス夫人
ええ！　そうです！

Macbeth
Di'! nella stanza attigua
Chi dorme?

マクベス
言ってくれ！　隣の部屋には
誰が眠っている？

Lady
Il regal figlio...

マクベス夫人
国王の息子ですわ…

Macbeth *(guardandosi le mani)*
O vista, o vista orribile!

マクベス （両手を見つめながら）
何というざまだ、おお恐ろしい光景だ！

Lady
Storna da questo il ciglio...

Macbeth
Nel sonno udii che oravano
I cortigiani, e: *Dio*
Sempre ne assista, ei dissero;
Amen dir volli anch'io,
Ma la parola indocile
Gelò sui labbri miei.

Lady
Follìe!

Macbeth
Perché ripetere
Quell'*Amen* non potei?

Lady
Follìe, follìe che sperdono
I primi rai del dì.

Macbeth
Allora questa voce m'intesi nel petto:
Avrai per guanciali sol vepri, o Macbetto!
Il sonno per sempre, Glamis, uccidesti!
Non v'è che vigilia, Caudore, per te!

Lady
Ma, dimmi, altra voce non parti d'udire?
Sei vano, o Macbetto, ma privo d'ardire;
Glamis, a mezz'opra vacilli, t'arresti,
Fanciul vanitoso, Caudore, tu se'.

Macbeth
Vendetta! tuonarmi, com'angeli d'ira,
Udrò di Duncano le sante virtù.

Lady
(Quell'animo trema, combatte, delira...
Chi mai lo direbbe l'invitto che fu?)
(a Macbeth)
Il pugnal là riportate...
Le sue guardie insanguinate...
Che l'accusa in lor ricada.

Macbeth
Io colà?... non posso entrar!

Lady
Dammi il ferro.
(Strappa dalle mani di Macbeth il pugnale, ed entra nelle stanze del Re.)

Scena quattrodicesima
Macbeth solo.
(Bussano forte alla porta del Castello.)

マクベス夫人
それからは目をそらすことです。

マクベス
静寂の中で、廷臣達が祈っているのを
わしは聞いたのだ。『神よ
常に我々にご加護を。』と言っていた。
わしも『アーメン』と言おうとしたが
その言葉が唇の上で
凍りついてしまったのだ。

マクベス夫人
馬鹿気たこと！

マクベス
なぜ繰り返すことが出来なかったのだろう
あの『アーメン』を？

マクベス夫人
そんな妄想は
夜明けの光が追い払ってくれますわ。

マクベス
その時、心の中でこの声が聞こえた。
お前の枕には刺が、おお、マクベスよ！
グラミスよ、お前は永遠に眠りを殺した！
コーダ、お前には眠らぬ夜が待っている！

マクベス夫人
でも言って、別の声も聞こえませんでしたか？
マクベス、お前は虚栄心は強いが勇気に欠ける、
グラミス、事半ばで動揺し行き詰まっている、
コーダ、お前はうぬぼれの強い未熟者だ。

マクベス
怒れる天使の如くダンカン王の聖なる徳が
わしに向かって復讐の轟音を立てるだろう。

マクベス夫人
〔あの魂は震え、おののき、錯乱している…
あれがかつての勇者なのかしら？〕
（マクベスに）
剣をもとのところにおいてきて…
王の見張り兵達に血を塗り…
罪が彼らに向けられるように。

マクベス
わしが、あそこに？… 　入れぬ！

マクベス夫人
私に剣をよこしなさい。
（マクベスの手から剣をもぎ取り、国王のいる部屋に
入ってゆく。）

第十四景
マクベス独り。
（誰かが激しく城門を叩く。）

Macbeth
Ogni rumore
Mi spaventa!
(Si guarda le mani.)
Oh, questa mano!
Non potrebbe l'Oceano
Queste mani a me lavar!

Scena quindicesima
Lady Macbeth e il precedente.

Lady *(rientrando)*
Ve'! le mani ho lorde anch'io;
Poco spruzzo, e monde son.
L'opra anch'essa andrà in oblìo...
(Battono di nuovo.)

Macbeth
Odi tu? raddoppia il suon!

Lady
Vieni altrove! ogni sospetto
Rimoviam dall'uccisor;
Torna in te! fa' cor, Macbetto!
Non ti vinca un vil timor.

Macbeth
Oh, potessi il mio delitto
Dalla mente cancellar!
Deh, sapessi, o Re trafitto,
L'alto sonno a te spezzar!
(Parte trascinato da Lady.)

Scena sedicesima
Macduff e Banco.

[Scena e Sestetto - Finale primo]
Macduff
Di destarlo per tempo il re m'impose:
E di già tarda è l'ora.
Qui m'attendete, o Banco.
(Entra nelle stanze del Re.)

Scena dicaisettesima
Banco solo.

Banco
Oh qual orrenda notte!
Per l'aer cieco lamentose voci,
Voci s'udian di morte;
Gemea cupo l'augel de' tristi auguri,
E della terra si sentì il tremore!...

Scena diciottesima
Macduff e Banco.

Macduff *(agitatissimo)*
Orrore! orrore! orrore!

マクベス
あらゆる物音が
俺を恐怖させる！
(彼は両手を見つめる。)
おおこの手！
大海の水さえも
この両手を洗い清める事は出来まい！

第十五景
マクベス夫人とマクベス。

マクベス夫人 *(再び戻りながら)*
見て！　私の手も汚れたわ。
でもわずかの水で清められますわ。
成したことは忘れるのです…
(再び誰かが叩く。)

マクベス
聞こえるか？　音が強くなった！

マクベス夫人
場所を変えましょう！　殺人者としての
あらゆる疑いから逃れましょう。
しっかりと勇気を出して、マクベス！
臆病風に捕らわれないように。

マクベス
おお、この脳裏からわしの罪を
拭い去ることが出来るのなら！
刺殺された王よ、あなたの死の眠りを
打ち砕くことが出来るなら！
(マクベス夫人に引きずられように退場。)

第十六景
マクダフとバンクォー。

[シェーナと六重唱、第一幕フィナーレ]
マクダフ
王は時間になれば起こすよう命じられた。
その時はすでに過ぎている。
バンクォーよ、ここで待っていてくれ。
(国王のいる部屋に入る。)

第十七景
バンクォー独り。

バンクォー
おお何と不気味な夜だろう！
暗闇を通してうめき声が
死者達の声が聞こえたようだった。
不吉を予言する鳥が陰気に鳴き
大地が揺れるのを感じたが…

第十八景
マクダフとバンクォー。

マクダフ *(非常に興奮して)*
恐ろしい！　恐ろしい！　恐ろしいことが！

Banco
Che avvenne mai?

バンクォー
一体何があった？

Macduff *(affannoso)*
Là dentro
Contemplate voi stesso... io dir nol posso!...
(Banco entra precipitoso nelle stanze del Re.)
Correte!... olà!... tutti correte! tutti!
Oh delitto! oh delitto! oh tradimento!

マクダフ　（あえぎあえぎ）
あの中を
貴殿ご自身の目で…　俺には言えぬ！
（バンクォーは慌てて国王のいる部屋に入る。）
来てくれ！…　さあ！　皆集まるのだ！　さあ皆！
ああ、この罪！　この罪！　ああ、反逆！

Scena diciannovesima
Macbeth, Lady Macbeth, Malcolm, Macduff,
Banco, Dama di Lady, Servi.

第十九景
マクベス、マクベス夫人、マルコム、マクダフ、
バンクォー、マクベス夫人の侍女、従者達。

Lady Macbeth
Qual subito scompiglio!

マクベス夫人
何です、この突然の騒ぎは！

Banco *(Esce spaventato.)*
Oh noi perduti!

バンクォー　（驚いて出てくる）
ああ、我々はもうだめだ！

Tutti
Che fu? parlate! che seguì di strano?

一同
何が？　話して下さい！　一体何があったのです？

Banco *(con orrore)*
È morto assassinato il Re Duncano!
(stupore universal)

バンクォー　（恐怖に満ちて）
ダンカン王が暗殺された！
（一同呆然とする。）

Tutti
★　Schiudi, inferno, la bocca ed inghiotti
Nel tuo grembo l'intero creato;
Sull'ignoto assassino esecrato
Le tue fiamme discendano, o Ciel.

O gran Dio, che ne' cuori penètri,
Tu ne assisti, in te solo fidiamo;
Da te lume, consiglio cerchiamo
A squarciar delle tenebre il vel!

L'ira tua formidabile e pronta
Colga l'empio, o fatal punitor;
E vi stampa sul volto l'impronta
Che stampasti sul primo uccisor.

一同
★　地獄よ口を開き、そして万物を
もろとも飲み込むがいい。
おお天よ、あなたの怒りの炎を
その憎むべき暗殺者の上に落とし給え。

おお、我々の心の中にある偉大な神よ、
我々をお救い下さい、あなただけを信じます。
あなたに光明と助言を求めます。
闇のヴェールを剥ぎ取るために！

あなたの恐るべき怒りをもって、すぐにも
罪人を捕らえて下さい、運命を裁くあなたよ、
そして、最初の殺人者にあなたが付けた烙印を
その者の額にも押して下さい。

Fine del prim atto　　第一幕終り

ATTO SECONDO

Scena prima
Stanze nel Castello.
[Scena ed Aria]
Macbeth pensoso, seguito da Lady Macbeth.

Lady
Perché mi sfuggi, e fiso
Ognor ti veggo in un pensier profondo?
Il fatto è irreparabile! Veraci
Parlâr le malïarde, e re tu sei.
Il figlio di Duncan, per l'improvvisa
Sua fuga in Inghilterra,
Parricida fu detto, e vuoto il soglio
A te lasciò.

Macbeth
Ma le spirtali donne
Banco padre di regi han profetato...
Dunque i suoi figli regneran? Duncano
Per costor sarà spento?

Lady
Egli, e suo figlio
Vivono, è ver...

Macbeth
Ma vita
Immortale non hanno...

Lady
Ah sì, non l'hanno!

Macbeth
Forz'è che scorra un altro sangue, o donna!

Lady
Dove? Quando?

Macbeth
Al venir di questa notte.

Lady
Immoto sarai tu nel tuo disegno?

Macbeth
Banco! l'eternità t'apre il suo regno...
(Parte precipitoso.)

Scena seconda
Lady sola.

★ La luce langue, il faro spegnesi
Ch'eterno scorre per gli ampî cieli!
Notte desiata provvida veli
La man colpevole che ferirà.

第二幕

第一景
城内の一室。
[シェーナとアリア]
マクベス夫人に続いて、物思いに沈むマクベス。

マクベス夫人
なぜ私を避け、じっと物思いに
沈んでおられるのですか？
手を下したからには、逃れることはできません。
魔女達の言葉は真実で、あなたは国王なのです。
ダンカンの息子はあわてふためき
イングランドに逃亡したために
父親殺しと言われ、今や空位の玉座は
あなたに残されたのです。

マクベス
だがあの怪しげな女達は
バンクォーが王の父になると予言した…
ならば奴の息子達が王になるというのか？
そのためにダンカンを殺ったというのか？

マクベス夫人
彼とその息子は
確かに生きています…

マクベス
だが彼らは
不死の命を授かってはいまい…

マクベス夫人
そうですわ、もちあわせてはいません！

マクベス
もう一度血が流される事は必須、おお妻よ！

マクベス夫人
どこで？　いつ？

マクベス
今夜にも。

マクベス夫人
あなたの目論見は確固たるものでしょうね？

マクベス
バンクォーよ、貴様には来世の王国が開かれるのだ…
（急いで退場。）

第二景
マクベス夫人独り。

★ 陽光が衰え、灯火も消え
そして果てしない空を永遠に覆い尽くす
待ち望んだ夜よ、人を殺める
この罪ある手に闇を拡げておくれ！

Nuovo delitto! È necessario! | 新たな罪！　それが必要なのよ！
Compiersi debbe l'opra fatele. | この宿命の業を果たさなければならない。
Ai trapassati regnar non cale; | 死者達には統治するなど関心のないこと、
A loro un *requiem*, l'eternità. | 彼らには鎮魂歌、それに永遠の安息があればいい！
(con trasporto) | （激情して）
O voluttà del soglio! | おお玉座の喜び！
O scettro, alfin sei mio! | おお王位よ、とうとうお前は私のもの！
Ogni mortal desìo | 人間のあらゆる欲望も
Tace e s'acqueta in te. | お前の前に沈黙し鎮まるのよ。
Cadrà fra poco esamine | もうすぐ死に絶えるのよ
Chi fu predetto re. | 王になると預言された者は。

Scena terza
Parco.
In lontananza il Castello di Macbeth.

第三景
広場。
遠くにマクベスの城が見える。

[Coro di Sicari]
Sicari

[刺客達の合唱]
刺客達

★ Ⅰ. Chi v'impose unirvi a noi? | ★Ⅰ　誰が我々をここに集めたのだ？
Ⅱ. Fu Macbetto. | Ⅱ　マクベス殿が。
Ⅰ. Ed a che far? | Ⅰ　で、何をしようというのだ？
Ⅱ. Deggiam Banco trucidar. | Ⅱ　俺達はバンクォーを殺さねばならぬ。
Ⅰ. Quando?... dove?... | Ⅰ　いつ？　どこで？…
Ⅱ. Insiem con voi. | Ⅱ　お前達と一緒に。
　　Con suo figlio ei qui verrà. | 　　奴は息子とここに来る。
Ⅰ. Rimanete, or bene sta. | Ⅰ　ここにいてくれ、心して。

Tutti

一同

Sparve il sol!... la notte or regni | 陽は落ちた！…　さあ残忍で
Scellerata - insanguinata. | 血に飢えた夜よ、闇で包み隠しておくれ。
Cieca notte, affretta e spegni | 暗黒の夜よ、この世のそして天上の
Ogni lume in terra e in ciel. | あらゆる光を急いで消し去っておくれ。

L'ora è presso!... or n'occultiamo. | 時は近い！…　さあ俺達は隠れよう。
Nel silenzio lo aspettiamo. | 静かに奴を待ち伏せよう。
Trema, o Banco! - nel tuo fianco | 恐れよ、バンクォーよ！　お前のわき腹に
Sta la punta del coltel!　*(Partono.)* | 短剣の刃先を！　（刺客達退場。）

Scena qaurta
Banco e Fleanzio.

第四景
バンクォーとフリーアンス。

[Gran Scena]
Banco

[大シェーナ]
バンクォー

Studia il passo, o mio figlio... usciam da queste | 息子よ歩みに注意するのだ…　抜け出そう
Tenèbre... un senso ignoto | この闇から…　何か解らぬ
Nascer mi sento in petto | 不吉な予感と疑念に満ちた思いが
Pien di tristo presagio e di sospetto. | わしの胸中に生まれている。

★　Come dal ciel precipita | ★　天から黒雲が垂れ込め
L'ombra più sempre oscura! | ますます暗さを増してゆく！
In notte ugual trafissero | 今日と同じような夜に
Duncano, il mio signor. | わしの主人ダンカン王は殺されたのだ。

Mille affannose immagini | 数限りない不安な幻影が
M'annunciano sventura, | わしに災いを告げている。
E il mio pensiero ingombrano | そしてわしの思いを
Di larve e di terror. | 幻と恐怖で膨らませる。

(*Si perdono nel parco.*)
(*Voce di Banco entrò la scena:*)
Ohimé!... Fuggi, mio figlio!... O tradimento!
(*Fleanzio attraversa la scena inseguito da un
Sicario.*)

Scena quinta
Magnifica sala. Mensa imbandita.
[Finale secondo]
*Macbeth, Lady Macbeth, Macduff, Dama di Lady
Macbeth, Dame e Cavalieri.*

Coro
Salve, o Re!

Macbeth
Voi pur salvète,
Nobilissimi signori.

Coro
Salve, o donna!

Lady
Ricevete
La mercè de' vostri onori.

Macbeth
Prenda ciascun l'orrevole
Seggio al suo grado eletto.
Pago son io d'accogliere
Tali ospiti a banchetto.

La mia consorte assidasi
Nel trono a lei sortito,
Ma pria le piaccia un brindisi
Sciogliere, a vostr'onor.

Lady
Al tuo regale invito
Son pronta, o mio signor.

Coro
E tu ne udrai rispondere
Come ci detta il cor.

Lady
★ Si colmi il calice
Di vino eletto:
Nasca il diletto,
Muoia il dolor.

Da noi s'involino
Gli odi e gli sdegni,
Folleggi e regni
Qui solo amor.

(彼らは庭園の中に姿を消す。)
(舞台上にバンクォーの声。)
ああ！… 逃げろ、息子よ！… ああ卑怯者！
(フリーアンスは、一人刺客に追いかけられ舞台を
横切る。)

第五景
豪華な部屋。食卓が用意されている。
[第二幕のフィナーレ]
マクベス、マクベス夫人、マクダフ、マクベス夫人の
侍女、貴婦人達、騎士達。

合唱
万歳、国王陛下！

マクベス
貴殿達
良く来て下さった。

合唱
万歳、王妃様！

マクベス夫人
受けて下さい、
皆様方への感謝の気持ちを。

マクベス
各々の位に応じて
ご自分の席に着いて下さい。
わしはこの宴の席に
貴殿達を招くことが出来て幸せだ。

わしの妻は、
彼女のために与えられた王妃の席に着いているが
まず貴殿達の名誉のために、妻に
乾杯の音頭をとってもらおう。

マクベス夫人
王としてのあなたの仰せに
私はすぐにも従いましょう。

合唱
我々が心の命ずるままに、お応えするのを
あなたはお聞きになるでしょう。

マクベス夫人
★ 極上のぶどう酒を
杯に満たしましょう。
喜びが生まれ
苦悩が消え去るように。

私達から憎しみや
怒りの気持ちが飛び去り、
ここでは、ただ愛のみが
息づき支配するように。

Gustiamo il balsamo
D'ogni ferita,
Che nova vita
Ridona al cor.

どんな痛みも和らげる
ぶどう酒の芳香を味わいましょう、
それは心に
新たな命を与えてくれます。

Cacciam le torbide
Cure dal petto;
Nasca il diletto,
Muoia il dolor.

胸の中から追い払うのです
心配事を、
喜びが生まれ
苦悩が消え去るように。

Tutti
(Ripetono.)

一同
(繰り返す。)

Scena sesta
I precedenti. Un Sicario si affaccia ad un uscio laterale. Macbeth gli si fa presso.

第六景
前景の人々。一方の側の出入り口に一人の刺客が顔をのぞかせる。マクベスが彼に近づく。

Macbeth *(sottovoce)*
Tu di sangue hai brutto il volto.

マクベス　*(小声で)*
お前の顔は血で汚れている。

Sicario
È di Banco.

刺客
バンクォーの血です。

Macbeth
Il vero ascolto?

マクベス
それは本当か？

Sicario
Sì.

刺客
はい。

Macbeth
Ma il figlio?

マクベス
それで息子は？

Sicario
Ne sfuggì!

刺客
逃げました！

Macbeth
Cielo!... e Banco?

マクベス
ああ！… バンクォーは？

Sicario
Egli morì.
(Macbeth fa cenno al Sicario, che parte.)

刺客
彼は死にました。
(マクベスは刺客に立ち去るように合図をする。)

Scena settima
I precedenti, meno il Sicario.

第七景
刺客を除く前景の人々。

Lady *(avvicinandosi a Macbeth)*
Che ti scosta, o re mio sposo,
Dalla gioia del banchetto?...

マクベス夫人　*(マクベスに近づいて)*
ああ、王である私の夫、何があなたを
宴の喜びから遠ざけたのですか？

Macbeth
Banco falla! il valoroso
Chiuderebbe il serto eletto
A quant'avvi di più degno
Nell'intero nostro regno.

マクベス
バンクォーがいない！ 彼は
我々の国王の中で
勇者に相応しい
花冠を戴くはずなのに。

Lady
Venir disse, e ci mancò.

マクベス夫人
彼はお見えになると言っておられましたわ。

14

Macbeth
In sua vece io sederò.
(Macbeth va per sedere. Lo spettro di Banco,
veduto solo da lui, ne occupa il posto.)(atterrito)
Di voi chi ciò fece?

Tutti
Che parli?

Macbeth *(allo spettro)*
Non dirmi,
Non dirmi ch'io fossi!... le ciocche cruente
Non scuotermi incontro...

Tutti *(Sorgono.)*
Macbetto è soffrente!
Partiamo...

Lady
Restate!... Gli è morbo fugace...
(piano a Macbeth)
E un uomo voi siete?

Macbeth
Lo sono, ed audace
S'io guardo tal cosa che al demone istesso
Porrebbe spavento... là... là... nol ravvisi?
(allo spettro)
Oh, poi che le chiome scrollar t'è concesso,
Favella! il sepolcro può render gli uccisi?
(L'Ombra sparisce.)

Lady *(piano a Macbeth)*
Voi siete demente!

Macbeth
Quest'occhi l'han visto...

Lady *(forte)*
Sedete, o mio sposo! Ogni ospite è tristo.
Svegliate la gioia!

Macbeth
Ciascun mi perdoni:
Il brindisi lieto di nuovo risuoni,
Né Banco obbliate, che lungi è tuttor.

Lady
Si colmi il calice
Di vino eletto;
Nasca il diletto,
Muoia il dolor.

Da noi s'involino
Gli odi e gli sdegni,
Folleggi e regni
Qui solo Amor.

マクベス
彼の代わりにわしが席に着こう。
(マクベスは席に着こうとする。彼にのみ確認できる
バンクォーの亡霊がその席に着く。）（脅えて）
誰の仕業だ？

一同
何をおっしゃっておられるのか？

マクベス （亡霊に）
わしに言わないでくれ、
言うな、わしだとは！… 血塗られた髪の毛を
わしに向かって逆立てないでおくれ…

一同 （立ち上がる）
マクベス殿は苦しんでおられる！
我々はこの場を去ろう…

マクベス夫人
お待ち下さい！… すぐに治まりますから…
(小声でマクベスに)
あなたは男でしょう？

マクベス
確かに、しかも勇気ある男
そのわしは、悪魔も恐れる様なものを
見つめている… ほらあそこだ… 見えぬか？
(亡霊に)
おお、お前は髪を振り乱す事が出来るからには話して
くれ！ 墓は死者をこの世に戻す事が出来るのか？
(亡霊は消える。)

マクベス夫人 （小声でマクベスに）
あなた、気は確かですか！

マクベス
この目が奴を見たのだ…

マクベス夫人 （強く）
ああ私の夫よ、お座り下さい！ どのお客様も興が覚
めておられますわ。宴を盛り上げて下さい。

マクベス
皆さんには失礼した。
喜びの杯を交わそう、まだ到着しておりませんが
バンクォーのことも忘れぬように。

マクベス夫人
極上のぶどう酒を
杯に満たしましょう。
喜びが生まれ
苦悩が消え去るように

私達から憎しみや
怒りの気持ちが飛び去り、
ここではただ愛のみが
息づき支配するように。

Gustiamo il balsamo
D'ogni ferita
Che nova vita
Ridona al cor.

どんな痛みも和らげる
ぶどう酒の芳香を味わいましょう。
それは心に
新たな生命を与えてくれます。

Vuotiam per l'inclito
Banco i bicchieri!
Fior de' guerrieri,
Di Scozia onor.

気高いバンクォー殿のために
杯を飲み干しましょう、
彼こそ兵士達の花
そしてスコットランドの誉れ。

Tutti (*Ripetono.*)
(*Riappare lo spettro.*)

一同（繰り返す。）
(再び亡霊が現れる。)

Macbeth (*spaventato*)
Va, spirto d'abisso!... Spalanca una fossa,
O terra, l'ingoia... Fiammeggian quell'ossa!
Quel sangue fumante mi sbalza nel volto!
Quel guardo a me vôlto - trafiggemi il cor!

マクベス（驚いて）
失せろ地獄の亡霊め！… 墓穴を掘るのだ！
大地よ亡霊を飲み込め… 奴の骨が炎をあげている！
噴き上がる血がわしの顔に降りかかる！
わしに向けられたあの視線がこの胸を突き刺す！

Tutti
Sventura! terrore!

一同
何と不吉な！ 恐ろしい！

Macbeth
Quant'altri io pur oso!
Diventa pur tigre, leon minaccioso...
M'abbranca... Macbetto tremar non vedrai,
Conoscer potrai - s'io provi timor...
Ma fuggi! deh, fuggi, fantasma tremendo!
(*L'Ombra sparisce.*)
La vita riprendo!

マクベス
わしはどんな相手にも挑むぞ！
虎にも、獰猛な獅子ともなって…
わしに襲いかかるがいい… 恐怖するマクベスを見る
事は出来ぬ。お前は知る事が出来よう…恐れているか
どうかを…ああ失せろ！消え失せろ！執拗な亡霊め！
(亡霊は消える。)
ああ、生き返った！

Lady (*piano a Macbeth*)
(Vergogna, signor!)

マクベス夫人（小声でマクベスに）
〔みっともないですわ、あなた！〕

Macbeth
Sangue a me quell'ombra chiede
E l'avrà, l'avrà, lo giuro!
Il velame del futuro
Alle streghe squarcierò.

マクベス
あの亡霊はわしの血を求めている、
そして必ずやそれを手に入れるだろう！
未来の神秘のヴェールを
わしはあの魔女達から剥ぎ取ってやろう。

Lady (*a Macbeth*)
Spirto imbelle! il tuo spavento
Vane larve t'ha creato.
Il delitto è consumato;
Chi morì tornar non può.

マクベス夫人（マクベスに）
あなたは臆病ね！ あなたの臆病心が
勝手に作り上げた絵空事ですわ。
罪は犯したのです、
死んだものがこの世に戻ることは出来ません。

Macduff (*fra sé*)
Biechi arcani!... s'abbandoni
Questa terra; or ch'ella è retta
Da una mano maledetta,
Viver solo il reo vi può.

マクダフ
恐るべ秘密！… この地を捨て去ろう
今やこの地は呪われた手によって治められている。
ここには、邪悪な心を持つものだけが
生きることが出来るのだろう。

Tutti
Biechi arcani! sgomentato
Da fantasmi egli ha parlato!
Uno speco di ladroni
Questa terra diventò.

一同
恐るべき秘密！ 亡霊達に惑わされ
彼は語った。
この土地は悪党共の
巣窟になってしまった。

Fine del secondo atto　　第二幕終り

16

ATTO TERZO

Scena prima
Un'oscura caverna.
Nel mezzo una caldaia che bolle. Tuoni e lampi.

[Coro d'Introduzione - Incantesimo]
Streghe
★Ⅰ. Tre volte miagola la gatta in fregola.
Ⅱ. Tre volte l'upupa lamenta ed ulnia.
Ⅲ. Tre volte l'istrice guaisce al vento.

Tutte
Questo è il momento.
Su via! sollecite giriam la pentola,
Mesciamvi in circolo possenti intingoli:
Sirocchie, all'opra! l'acqua già fuma,
Crepita e spuma.
(gettando nella caldaia)

Ⅰ. Tu, rospo venefico
Che suggi l'aconito,
Tu, vepre, tu, radica
Sbarbata al crepuscolo,
Va', cuoci e gorgoglia
Nel vaso infernal.

Ⅱ. Tu, lingua di vipera,
Tu, pelo di nottola,
Tu, sangue di scimia,
Tu, dente di bòttolo,
Va', bolli e t'avvoltola
Nel brodo infernal.

Ⅲ. Tu, dito d'un pargolo
Strozzato nel nascere,
Tu, labbro d'un Tartaro,
Tu, cor d'un eretico,
Va' dentro, e consolida
La polta infernal.

Tutte *(danzando intorno)*
E voi, Spirti
Negri e candidi,
Rossi e ceruli,
Rimescete!

Voi che mescere
Ben sapete,
Rimescete!
Rimescete!

Scena seconda
[Ballo]
Le Streghe, Ecate, Spiriti, Demoni.

第三幕

第一景
ある暗い洞穴。
中央には煮えたぎった大鍋がある、雷鳴と稲妻。

[導入の合唱、魔力]
魔女達
★Ⅰ　さかりのついた牝猫が三度鳴く。
Ⅱ　ヤツガシラが三度うめく。
Ⅲ　ヤマアラシが三度風に向かって鳴く。

一同
今こそその時。
さあ！　急いで鍋をかきまわそう、
輪になり濃い煮汁をかき混ぜよう。
あんた達、さあ仕事だよ！　煮汁が湯気をあげ
音を立て泡立っている。
（大鍋の中に入れながら）

Ⅰ　さあ、毒トリカブトを吸う
毒ヒキガエルだ。
さあ、黄昏時に根こそぎ抜いた
スモモの木だ。
それ、地獄の釜の中で
ぐらぐら煮えろ。

Ⅱ　さあ、マムシの舌だ、
コウモリの皮、
サルの血、
ヒキガエルの歯、
それ、地獄の煮汁の中で
煮えろ、のたうちまわれ。

Ⅲ　さあ生まれてすぐ殺された
赤児の指だ、
タタール人の唇、
異教徒の心臓、
さあ、地獄の雑炊よこの中で
煮え詰まれ。

一同　（周りで踊りながら）
そしてお前達、
黒や、白や
赤や青色をした精霊達、
混ぜるのだ！

混ぜ方を
良く心得たお前達、
混ぜろ！
よく混ぜろ！

第二景
[バレエ]
魔女達、※ヘカテ、精霊達、悪霊達。

※ヘカテ：ギ神話、地上と冥府を支配する女神。

Scena terza
[Gran Scena delle Apparizioni]
Macbeth e le precedenti.

Macbeth
(sull'ingresso, parlando ad alcuno de' suoi)
Finché appelli, silenti m'attendete.
(Si avanza verso le Streghe.)
Che fate voi, misterïose donne?

Streghe *(con solennità)*
Un'opra senza nome.

Macbeth
Per quest'opra infernal io vi scongiuro!
Ch'io sappia il mio destin, se cielo e terra
Dovessero innovar l'antica guerra.

Streghe
Dalle incognite posse udir lo vuoi,
Cui ministre obbediam, ovver da noi?

Macbeth
Evocatele pur, se del futuro
Mi possono chiarir l'enigma oscuro.

Streghe
Dalle basse e dall'alte regioni,
Spirti erranti, salite, scendete!
(Scoppia un fulmine e sorge da terra un capo coperto d'elmo.)

Macbeth
Dimmi, o spirto...

Streghe
T'ha letto nel core;
Taci, e n'odi le voci segrete.

Apparizione
O Macbetto! Macbetto! Macbetto!
Da Macduffo ti guarda prudente.

Macbeth
Tu m'afforzi l'ascolto sospetto!
Solo un motto...
(L'apparizione sparisce.)

Streghe
Richieste non vuole.
Ecco un altro di lui più possente.
(Tuono: apparisce un fanciullo insanguinato.)
Taci, e n'odi le occulte parole.

Apparizione
O Macbetto! Macbetto! Macbetto!
Esser puoi sanguinario, feroce:

第三景
［幻影達の大シェーナ］
マクベスと前景の魔女達。

マクベス
（入口で家来の一人と話ながら）
わしが呼ぶまで静かに待っておれ。
（魔女達の方に進み出る。）
お前達、不可思議な女達よ、何をしている？

魔女達 （威厳をもって）
名のない仕事さ。

マクベス
その地獄の仕事にかけてお前達に頼みがある！
わしは自分の運命が知りたい。たとえ天と地が
かつての戦いを始めねばならないとしても。

魔女達
お前はそれをあたしらが仕える「未知の力」から
知りたいのか、それともあたしらからか？

マクベス
それを呼び出しておくれ、もしわしに未来の
暗い謎を明らかにすることができるなら。

魔女達
地の底から昇っておいで彷徨える精霊達よ、
天の高みから降りておいで！
（稲妻が光り、兜をかぶった頭が
地面から現れる。）

マクベス
さあ、精霊よ言っておくれ…

魔女達
お前の心は読まれている、
黙って秘密の声を聞くがいい。

幻影
おおマクベス！ マクベス！ マクベス！
マクダフに充分注意をすることだ。

マクベス
お前はわしの抱いた疑念を確信させる！
ただ一言だけ…
（幻影は消え去る。）

魔女達
あれは問われることを嫌がるのさ。
ほら、もっと力のある霊だ。
（雷鳴。血にまみれた子供が現れる。）
黙って秘密の言葉を聞くがいい。

幻影
おおマクベス！ マクベス！ マクベス！
お前は残忍に、そして獰猛になるがいい。

Nessun nato di donna ti nuoce. *(Sparisce.)*	女から生まれた者は誰一人、お前を傷つけは出来まい *(消え去る。)*

Macbeth
O Macduffo, tua vita perdono...
(feroce)
No!... morrai! sul regale mio petto
Doppio usbergo sarà la tua morte!
(Tuoni e lampi: sorge un fanciullo coronato che porta un arboscello.)
Ma che avvisa quel lampo, quel tuono?...
Un fanciullo col serto dei Re!

マクベス
ああマクダフ、お前の命は助けてやろう…
(残酷に)
だめだ！　お前は死ぬのだ！　お前の死は
王の胸に二重の胸当となろう！
(雷鳴と稲妻。冠を戴き若木を手にした子供が現れる。)
あの稲妻、それに雷鳴は何を告げているのだ？…
王冠を戴いた子供が！

Streghe
Taci, ed odi.

魔女達
黙って聞くがいい。

Apparizione
Sta d'animo forte:
Glorïoso, invincibil sarai
Fin che il bosco di Birna vedrai
Ravviarsi, e venir contro te.
(Sparisce.)

幻影
心を強く持つがいい。
お前は栄光に満ち不敗の将となるだろう。
バーナムの森に命が宿り
お前に向かって動き出さぬ限り。
(消え去る。)

Macbeth
Lieto augurio! Per magica possa
Selva alcuna giammai non fu mossa.
(alle Streghe)
Or mi dite: salire al mio soglio
La progenie di Banco dovrà?

マクベス
ああ幸せな預言！　いかなる森も
魔法によって動くことなどあるまい。
(魔女達に)
さあ言ってくれ。バンクォーの子孫は
わしの王位に就くだろうか？

Streghe
Non cercarlo!

魔女達
それを知ろうとするのではない！

Macbeth
Lo voglio! lo voglio,
O su voi la mia spada cadrà!
(La caldaia cala sotterra.)
La caldaia è sparita! perché?
(suono sotterraneo di cornamusa)
Qual concento! Parlate! Che v'è?

マクベス
それが知りたい！　それが知りたいのだ！
さもなくばお前達にわしの剣が落ちるぞ！
(大鍋が地下に滑り落ちる。)
大鍋が消えてしまった！　なぜだ？
(地下で風笛の音がする。)
何の音だ！　言ってくれ！　何ごとだ？

Streghe
Ⅰ. Apparite!
Ⅱ. Apparite!
Ⅲ. Apparite!

魔女達
Ⅰ　現れよ
Ⅱ　現れよ
Ⅲ　現れよ

Tutte
Poi qual nebbia di nuovo sparite.
(Otto Re passano uno dopo l'altro. Da ultimo viene Banco con uno specchio in mano.)

一同
そして再び霧のように消え去るのだ。
(※八人の王が次々に通り過ぎる。最後に
　バンクォーが鏡を手にやって来る。)

Macbeth *(al primo)*
★　Fuggi, regal fantasima,
Che Banco a me rammenti!
La tua corona è folgore,
Gli occhi mi fai roventi!
(al secondo)
Via, spaventosa immagine,

マクベス *(最初の王に)*
★　失せろ、王の幻影よ、
わしにバンクォーを思い出させる幻影よ！
お前の王冠はあたかも雷光のように
この目を赤く焼き尽くす！
(二番目の王に)
消え失せろ、頭にターバンを巻いた

Che il crin di bende hai cinto!
(agli altri)
Ed altri ancor ne sorgono?...
Un terzo?... un quarto?... un quinto?
O mio terror!... dell'ultimo
Splende uno specchio in mano.

恐るべき幻影よ！
(その他の王達に)
まだ、他の王達もあらわれるのか？…
第三の？…　第四の？…　第五の？
ああこの恐怖よ！…　最後の王は
※手に鏡を持ち光らせている。

※手に鏡を持ち：鏡は未来を映し出すとされていた。

E nuovi Re s'attergano
Dentro al cristallo arcano...
È Banco, ahi, vista orribile!
Ridendo a me gli addita?
Muori, fatal progenie!
(Trae la spada, s'avventa agli spettri, poi si
arresta.)
Ah, che non hai tu vita!
(alle Streghe)
Vivran costor?

そして新しい王達が
神秘の鏡に映っている…
あれはバンクォー、ああ恐怖の光景！
笑いながら私にこの王達を指し示すのか？
死ぬのだ、呪わしい子孫共よ！
(剣を抜き、亡霊達に挑みかかるがやめる。)
ああお前達に命はないのか！
(魔女達に)
こいつらは生き続けるのか？

Streghe
Vivranno.

魔女達
生き続けるだろうさ。

Macbeth
Oh me perduto!
(Perde i sensi.)

マクベス
ああ、もう耐えられぬ！
(彼は気を失う。)

Streghe
Ei svenne!... Aerei spirti,
Ridonate la mente al Re svenuto!

魔女達
気を失った！…　大気の精霊達よ
気を失った王に再び魂を与えてやれ！

Scena quarta
[Coro e Ballabile]
*Scendono gli Spiriti, e mentre danzano intorno
a Macbeth, le Streghe cantano il seguente.*

第四景
[合唱とダンス曲]
精霊達が降りてきてマクベスの周りで踊る間、
魔女達は次の歌をうたう。

Coro
※Ondine e ※Silfidi
Dall'ali candide,
Su quella pallida
Fronte spirate.
Tessete in vortice
Carole armoniche,
E sensi ed anima
Gli confortate.
(Spiriti e Streghe spariscono.)

合唱
白い翼を持った※オンディーヌ
そして※シルフィーデよ
あの色を失った額に
息を吹きかけよ。
輪になり調和のとれた
輪舞を織りなして
あの男の感覚と魂を
慰めてやっておくれ。
(精霊達と魔女達は消え去る。)
　　　　　　　※オンディーヌ：北欧神話の水の精。
　　　　　　　※シルフィーデ：北欧神話の大気の精

Scena quinta
[Scena e Duetto - Finale terzo]
*Macbeth rinviene, poi Lady Macbeth annunciata
da un Araldo che parte.*

第五景
[シェーナと二重唱、第三幕のフィナーレ]
マクベスは意識を取り戻し、そして伝令の知らせで
マクベス夫人。

Macbeth
Ove son io?... fuggiro!... Oh, sia ne' secoli
Maledetta quest'ora in sempiterno!

マクベス
わしはどこにいるのだ？…　皆いなくなった！…
ああこの時よ、いつの世にも永遠に呪われよ！

Araldo
La regina.

伝令
王妃様です。

Macbeth
(Che?)

マクベス
〔何だと？〕

Lady (*entrando*)
Vi trovo
Alfin! Che fate?

マクベス夫人 （入ってきながら）
やっとあなたを見つけましたわ！
何をなさっていらっしゃいますの？

Macbeth
Ancora
Le streghe interrogai.

マクベス
もう一度
あの魔女達に尋ねていたのだ。

Lady
E disser?

マクベス夫人
それで彼女達は何と言いました？

Macbeth
Da Macduff ti guarda...

マクベス
マクダフには良く注意しろと…

Lady
Segui...

マクベス夫人
続けて下さい…

Macbeth
Te non ucciderà nato di donna.

マクベス
お前は女から生まれたものには殺されぬと。

Lady
Segui...

マクベス夫人
それから…

Macbeth
Invitto sarai finché la selva
Di Birna contro te non mova.

マクベス
けして破れることはあるまい、バーナムの森が
お前に向かって動き出さぬかぎりと。

Lady
Segui...

マクベス夫人
それから…

Macbeth
Ma pur di Banco apparvemi la stirpe...
E regnerà!

マクベス
しかしどうした訳か、バンクォーの子孫が現れ…
王位に就くだろうと！

Lady
Menzogna!
Morte, sterminio sull'iniqua razza!...

マクベス夫人
そんな馬鹿な！
邪悪な血筋には死を絶滅を！…

Macbeth
Sì, morte! Di Macduffo arda la rocca!
Perano moglie e prole!

マクベス
そうだ死だ！　マクダフの城塞は燃え上がるのだ！
あいつの妻も子供達も葬り去るのだ！

Lady
Di Banco il figlio si rinvenga, e muoia!

マクベス夫人
バンクォーの息子を探し出し殺すのです！

Macbeth
Tutto il sangue si sperda a noi nemico!

マクベス
我々に敵となる全ての血を消し去るのだ！

Lady
Or riconosco il tuo coraggio antico.

マクベス夫人
今、かつてのあなたの勇気を見る思いです。

a due
★　Ora di morte e di vendetta,
Tuona, rimbomba per l'orbe intero,
Come assordante l'atro pensiero
Del cor le fibre tutte intronò!

Ora di morte, ormai t'affretta!
Incancellabile il fato ha scritto:
L'impresa compiere deve il delitto
Poiché col sangue s'inaugurò.

二人で
★　死と復讐のこの時よ
地上の土地に響き渡れ
耳をつんざくような暗黒の思いが
心臓の全ての血管を殴打するように！

さあ死の時よ急ぐのだ！
運命が拭い去ることの出来ぬよう記した
罪の企てを成し遂げなければならない
それは血をもって始まったのだから。

Fine del terzo atto　第三幕終り

ATTO QUARTO

Scena prima
Luogo deserto ai confini della Scozia e dell'Inghilterra. In distanza la foresta di Birnam.
[Coro di Profughi scozzesi]
Profughi Scozzesi, Uomini, Donne, Fanciulli. Macduff in disparte, addolorato.

Coro
★   Patria oppressa! il dolce nome
No, di madre aver non puoi,
Or che tutta a' figli tuoi
Sei conversa in un avel.

D'orfanelli e di piangenti
Chi lo sposo e chi la prole
Al venir del nuovo Sole
S'alza un grido e fere il Ciel.

A quel grido il Ciel risponde
Quasi voglia impietosito
Propagar per l'infinito,
Patria oppressa, il tuo dolor.

Suona a morto ognor la squilla,
Ma nessuno audace è tanto
Che pur doni un vano pianto
A chi soffre ed a chi muor.

[Scena ed Aria]
Macduff
O figli, o figli miei! da quel tiranno
Tutti uccisi voi foste, e insiem con voi
La madre sventurata!... Ah, fra gli artigli
Di quel tigre io lasciai la madre e i figli?

★   Ah, la paterna mano
Non vi fu scudo, o cari,
Dai perfidi sicari
Che a morte vi ferîr!

E me fuggiasco, occulto,
Voi chiamavate invano,
Coll'ultimo singulto,
Coll'ultimo respir.

Trammi al tiranno in faccia,
Signore! e s'ei mi sfugge,
Possa a colui le braccia
Del tuo perdono aprir.

Scena seconda
Al suono del tamburo entra Malcolm, conducendo molti Soldati inglesi.

第四幕

第一景
スコットランドとイングランドの国境の荒れ果てた場所。遠くにバーナムの森。
[スコットランドの難民の合唱]
スコットランドの難民の男達、女達、そして子供達。離れたところで苦悩するマクダフ。

合唱
★   虐げられた祖国よ！　ああ、お前は
母という優しい名を持つことは出来ない。
お前の子孫達にとって祖国すべてが
墓と化してしまった今となっては！

孤児達、そして夫を失い
子供達を失った者の嘆きが
新たな太陽が昇るたびに
叫び声となって天の高みに昇ってゆく。

あたかも天がその叫び声に応え
虐げられた祖国とその苦悩を
永遠に哀れみ続けようと
なさっておられるかのようだ。

弔いの鐘は常に鳴り続けている。
だが苦悩する者、死する者のために
報われぬ涙を流す者は
誰もいない。

[シェーナとアリア]
マクダフ
ああ息子達よ、我が息子達よ！　あの暴君に
お前達はすべからく殺され、そしてお前達と共に
その不運な母親も殺された！… しかもあの虎の毒爪
の中に私は母と息子達を置き去りにしてきたのか？

★   ああ、愛しい者達よ、
この父親の手は、お前達を
死に追いやった残忍な殺人者達への
盾とはなれなかったのか。

そして逃亡し、隠れていた私を
お前達は空しく求めて叫んでいたのだ、
その最後のうめき声で、
その最後の溜息で。

私をその暴君の前に導いてください。
主よ！　しかし、もしその男が私から逃れるなら
その男のために、あなたの慈悲の両腕を
拡げて欲しいのです。

第二景
太鼓の音とともに、多数のイングランドの兵士達を引き連れたマルコムが登場する。

Malcolm
Dove siam? che bosco è quello?

マルコム
ここはどこだ？　あの森は？

Coro
La foresta di Birnamo!

合唱
バーナムの森です！

Malcolm
Svelga ognuno, e porti un ramo,
Che lo asconda, innanzi a sé.
(a Macduff)
Ti conforti la vendetta.

マルコム
各々草木を引き抜き、一枝を持ち
それを自らの前に身を隠すのだ。
(マクダフに)
復讐が貴殿を慰めてくれるだろう。

Macduff
Non l'avrò... di figli è privo!

マクダフ
それが出来ない…　奴には子供がいないのだ！

Malcolm
Chi non odia il suol nativo
Prenda l'armi e segua me.
(Malcolm e Macduff impugnano le spade.)

マルコム
祖国の血を憎むことのない者は
武器を取り、私に従うのだ。
(マルコムとマクダフは剣を握り締める。)

Tutti
La patria tradita
Piangendo ne invita!
Fratelli! gli oppressi
Corriamo a salvar.

一同
裏切られた祖国が
涙しつつ我々を招いている！
兄弟達よ！　虐げられた者達を
救いに走ろう。

Già l'ira divina
Sull'empio ruina;
Gli orribili eccessi
L'Eterno stancâr.

すでに神の怒りが
邪悪な者の上に降りかかり、
あの恐るべき逆上した行為を
永遠の神は弱めて下さるだろう。

Scena terza
Scena nel Castello di Macbeth come nell'Atto Primo. Notte.
[Gran Scena del Sonnambulismo]
Medico e Dama di Lady Macbeth.

第三景
第一幕同様マクベスの城。夜。
[夢遊病の大シェーナ]
医師とマクベス夫人の侍女。

Medico
Vegliammo invan due notti.

医師
二晩も見張っていたが無駄だった。

Dama
In questa apparirà.

侍女
今夜は姿を現されるでしょう。

Medico
Di che parlava
Nel sonno suo?

医師
あの夢の中で
一体何を話しておられたのか？

Dama
Ridirlo
Non debbo ad uom che viva... Eccola!...

侍女
私が生きている方にそれを言うわけには
まいりません！…　ほら奥方様です！…

Scena quarta
Lady Macbeth e precedenti.

第四景
マクベス夫人と前景の人々。

Medico
Un lume
Recasi in man?

医師
灯を
手にしているようだが？

Dama
La lampada che sempre
Si tiene accanto al letto.

Medico
Oh, come gli occhi
Spalanca!

Dama
E pur non vede.
(Lady depone il lume e si sfrega le mani, facendo l'atto di cancellare qualche cosa.)

Medico
Perché sfrega la man?

Dama
Lavarsi crede!

Lady
★　Una macchia è qui tuttora...
Via, ti dico, o maledetta!...
Una... due... gli è questa l'ora!
Tremi tu?... non osi entrar?
Un guerrier così codardo?
Oh vergogna!... orsù, t'affretta!...
Chi poteva in quel vegliardo
Tanto sangue immaginar?

Medico
Che parlò...

Lady
Di Fiffe il Sire
Sposo e padre or or non era?...
Che n'avvenne?...
(Si guarda le mani.)
E mai pulire
Queste mani io non saprò?...

Dama e Medico
Oh terror!...

Lady
Di sangue umano
Sa qui sempre... Arabia intera
Rimondar sì piccol mano
Co' suoi balsami non può.
Oimè!...

Medico
Geme?

Lady
I panni indossa
Della notte... Or via, ti sbratta!...
Banco è spento, e dalla fossa

侍女
寝台の傍らに
いつも置いてあるランプです。

医師
ああ、何としっかり両目を
開いていることか！

侍女
なのに何もお見えにならないのです。
(マクベス夫人は灯を置いた後、何か汚れを落とすようなしぐさで両手をこする。)

医師
どうして手を擦っているのだろう？

侍女
何かを洗い落としているおつもりなのです。

マクベス夫人
★　どうしても汚れが一つ残るわ…
消え去るのよ、さあ呪われた汚れ！…
一…　二…　さあ時間だわ！
あなた震えていらっしゃるの？　中に入れないと？
まあ、あなたってそんなに臆病な軍人ですの？
何て恥知らずなの！…　さあ急いで下さいな！…
一体誰がこんな老人の身体に
これほど多くの血があるなんて想像したかしら？

医師
何と言うことだ…

マクベス夫人
ファイフの領主には
奥さんもお子さんもあったわね？…
何が起こったの？…
(彼女は両手を見つめる。)
私はけして
この汚れを洗い流せないのかしら？

侍女と医師
ああ恐ろしいこと！…

マクベス夫人
ここはいつも
人間の血の臭いがするわ…　アラビア中の
香油を使っても、この小さな手を
洗い清めることが出来ない。
ああ！…

医師
呻いておられる？

マクベス夫人
夜着を
お召しなさい…　さあ手をお洗いになって！…
バンクォーは死にました、一度死んだものが

Chi morì non surse ancor.

Medico
Questo ancor?

Lady
A letto, a letto...
Sfar non puoi la cosa fatta...
Batte alcuno!... andiam, Macbetto,
Non t'accusi il tuo pallor.

Dama e Medico
Ah, di lei pietà, Signor!

Scena quinta
Sala nel Castello.
[Scena ed Aria]

Macbeth
Perfidi! All'Angolo contra me v'unite!
Le potenze presaghe han profetato:
<*Esser puoi sanguinario, feroce;*
<*Nessun nato di donna ti nuoce>.*
No, non temo di voi, né del fanciullo
Che vi conduce! Raffermar sul trono
Questo assalto mi debbe,
O sbalzarmi per sempre... Eppur la vita
Sento nelle mie fibre inaridita!

★　Pietà, rispetto, amore,
Conforto ai dì cadenti,
Non spargeran d'un fiore
La tua canuta età.

Né sul tuo regio sasso
Sperar soavi accenti:
Sol la bestemmia, ahi lasso!
La nenia tua sarà!

[Scena e Battaglia]
Grida interne
Ella è morta!

Macbeth
Qual gemito?

Scena sesta
Dama della Regina e Macbeth.

Dama
È morta
La Regina!...

Macbeth (*con indifferenza e sprezzo*)
La vita... che importa?...
È il racconto d'un povero idiota;
Vento e suono che nulla dinota!
(*La Dama parte.*)

墓から這い上がってくることはありません。

医師
こんなことまで？

マクベス夫人
寝床に、寝床に…
犯したことは取り返しはつきません…
誰か叩いている！…　行きましょう、マクベス
あなたの青ざめた顔を見られないように。

侍女と医師
ああ主よ！　この方にお慈悲を！

第五景
城内の一室。
[シェーナとアリア]

マクベス
裏切り者共め！　密かに手を組みわしに抗するとは！
信頼のおける預言が与えられたのだ。
『お前は残忍に獰猛になるがいい。女から生まれた
者は誰もお前を傷つけることは出来ぬ。』
わしはお前達を、そしてお前達を導くあの若造など
恐れはしない！　この戦いはわしが玉座に居座るか
さもなくば永遠にその地位から追放されるか…
しかしながらわしは感じている、
わしの血管の中で命が枯渇するのを！

★　落日の日々の慰めとなるはずの
慈悲も尊敬も愛も
一輪の花さえも添えられはしないだろう
この老いた身体には。

王たるお前の墓石に
優しい言葉が刻まれることもないのか。
ああ惨めなことよ！　ただ嘲りの言葉だけが
お前の弔いの歌となろう！

[シェーナと戦い]
舞台裏の叫び
亡くなられました！

マクベス
あのうめき声は？

第六景
マクベス夫人の侍女、マクベス。

侍女
お亡くなりになりました
王妃様が！…

マクベス（無関心さと軽蔑を込めて）
人生…　それがなんだというのだ？…
哀れな愚か者のたわ言だ。
何も物語らない風や音のようなもの！
(侍女退場。)

Scena settima *Coro di Guerrieri e Macbeth.*	第七景 兵士達の合唱、マクベス。
Coro Sire! ah, Sire!	合唱 陛下！　ああ陛下！
Macbeth Che fu?... quali nuove?	マクベス 何があった？…　どんな知らせだ？
Coro La foresta di Birna si muove!	合唱 バーナムの森が動いています！
Macbeth *(attonito)* M'hai deluso, presagio infernale!... Qui l'usbergo, la spada, il pugnale! Prodi, all'armi! La morte o la gloria.	マクベス　(仰天して) わしを騙したな、地獄の預言者め！… 兜を、剣を、短剣を！ 勇者達よ、武器を取れ！　死さもなくば栄光だ。
Coro Dunque all'armi! sì, morte o vittoria. *(Suono interno di trombe. Intanto la scena si* *muta, e presenta una vasta pianura circondata* *da alture e boscaglie. Il fondo è occupato da* *soldati inglesi, i quali lentamente si avanzano,* *portando ciascheduno una fronda innanzi a sé.)*	合唱 ならば武器を！　そうだ死を、さもなくば勝利を。 (舞台裏でラッパの鳴る音。その間舞台は変わり 丘と潅木に囲まれた広がりのある平原が現れる。 舞台奥はイングランドの兵士達で占められ、彼等は それぞれ自分の前に枝をかざしながらゆっくりと前に 進み出て来る。)
Scena ottava *Malcolm, Macduff e Soldati.*	第八景 マルコム、マクダフと兵士達。
Malcolm Via le fronde, e mano all'armi! Mi seguite! *(Malcolm, Macduff e Soldati partono.)*	マルコム 枝を捨て武器を手に！ さあついてくるのだ！ (マルコム、マクダフと兵士達退場。)
Grida di dentro All'armi! all'armi! *(Di dentro odesi il fragore della battaglia.)*	舞台奥での叫び声 武器を取れ、武器を取れ！ (舞台奥で戦闘の耳をつんざくような音が聞こえる。)
Scena nona *Macbeth incalzato da Macduff, poi Coro di donne.*	第九景 マクダフに追われたマクベス、その後、女性達の合唱。
Macduff Carnefice de' figli miei, t'ho giunto.	マクダフ 我が息子達を殺した奴め、ついに追いつめたぞ。
Macbeth Fuggi! nato di donna Uccidermi non può.	マクベス 失せろ！　女から生まれた者は わしを殺すことは出来ぬ。
Macduff Nato non sono: Strappato fui dal sen materno.	マクダフ 俺は生まれたのではない、 母親の腹を裂いて取り出された男だ。
Macbeth Cielo! *(Brandiscono le spade e, disperatamente* *battendosi, escono di scena.)*	マクベス なんと！ (二人は剣を握り、絶望的に戦いながら 舞台から退場。)

Coro *(entrando in scena)*
Infausto giorno!
Preghiam pe' figli nostri!
Cessa il fragor!

Scena ultima
I precedenti, Malcolm seguito da Soldati inglesi,
i quali si trascinano dietro, prigionieri, quelli
di Macbeth.

[Inno di Vittoria - Finale]
Malcolm
Vittoria!... ove s'è fitto
L'usurpator?

Macduff
Colà da me trafitto.
(piegando un ginocchio a terra)
Salve, o Re!

Coro
★ Salve, o Re!
Macbeth, Macbeth ov'è?
Dov'è l'usurpator?
D'un soffio il fulminò
Il Dio della vittoria.
(a Macduff)
Il prode eroe egli è
Che spense il traditor!
La patria, il Re salvò;
A lui onor e gloria.

Coro Donne
Salgan mie grazie a te,
Gran Dio vendicator;
A chi ne liberò
Inni cantiam di gloria.

Macduff
S'affidi ognun al re
Ridato al nostro amor!
L'aurora che spuntò
Vi darà pace e gloria!

Malcolm
Confida, o Scozia, in me;
Fu spento l'oppressor!
La gioia eternerò
Per noi di tal vittoria.

合唱 （舞台に現れながら）
不幸な日よ！
我が子らのために祈りましょう！
戦いの音が止んだわ！

最終景
前景の人々、イングランドの兵士達を従えたマルコム。
彼等はマクベスの捕虜達を従えている。

[勝利の賛歌、フィナーレ]
マルコム
勝利だ！… 王位を簒奪（さんだつ）した者は
どこだ？

マクダフ
私の手で刺し殺しました。
（地面に片膝をつきながら）
万歳！ おお国王よ！

合唱
★ 万歳、おお国王よ！
マクベス、マクベスはどこにいる？
王位を簒奪した者はどこにいる？
勝利の神のひと吹きが
奴を倒したのだ。
(マクダフに)
彼こそ裏切り者を打ち倒した
勇気ある英雄だ！
祖国、そして国王を救ったのだ。
彼に名誉と栄光を。

女性達の合唱
復讐の偉大なる神よ
私の感謝の気持ちがあなたに届きますように。
私達を解放して下さった方に
勝利の賛歌を捧げましょう。

マクダフ
我々の愛に報いて下さった
国王に信頼を！
夜明けが
平和と栄光をもたらすだろう。

マルコム
おお、スコットランドよ、私を信じておくれ。
圧制者は死に絶えた！
我々のためにこの勝利の喜びを
不朽のものとしよう。

FINE 幕

1847年3月14日ペルゴラ劇場（フィレンツェ）初演のマクベスは
1865年パリでの上演に際して大幅な改訂が行なわれ、
台本はフランス語に翻訳され、フランス風にバレエが追加された。
この改訂版を再びイタリア語に戻したものが
現在上演されている改訂版である。

第四幕の最後マクベスがマクダフの剣に倒れた場面で、
現在の版では削除されている
マクベスの独白 (Un monologo di Macbeth) が
挿入されることがあるが、
改訂版に加えられた勝利の賛歌（L'inno di Vittoria）が
フィナーレを飾る役目を十分に担っており、
むしろこのアリアを挿入する事は音楽の美的価値を損なうものである
とされるのが多くの見解である。

訳者

参考文献：Tuttele opere di Verdi （Mursia）
Charles Osborne

【 索引 】

第三幕：

第四幕：

訳者略歴

とよしま 洋 (Yoh TOYOSHIMA)
横浜生まれ。
イタリアにてイタリア語構文法、教授法、音楽史を学ぶ。
帰国後アウラ・マーニャより、イタリアオペラ対訳双書35巻、文法
解説シリーズ43巻を刊行中。またイタリアオペラ外来公演などの原
語上演（ウィーン国立歌劇場、フィレンツェ歌劇場、Bunkamuraオペラ
劇場等）の際の字幕を手掛けている。またTVのCMソング、映画主
題歌、CD等のイタリア語作詞、訳詞をする一方、地域振興会等でイ
タリア語の指導にあたっている。イタリアパルマ在住の一男の母で
あり、パルマを資料収集等の拠点としている。

◆ この対訳はリブレット（台本：改訂版1865年4月21日初演）を
　訳したものである。
◆ 意味内容を伝達する目的を持って訳したために、必ずしも各々の
　行において対応するものではない。

イタリアオペラ対訳双書 22

マクベス（改訂版）

2003年4月20日　改訂版

訳者：とよしま 洋

発行所：
アウラ・マーニャ／イタリアオペラ出版

〒231-0862
神奈川県横浜市中区山手町218-103
TEL/FAX ： (045) 883-1009

郵便振替：00170-9-87514
URL http://www.aula-magna.net

印刷・製本： (株) NHKプリンテックス

【 イタリアオペラ対訳双書 】

★弊社より文法解説シリーズ（SAI）も刊行しております。